Ιστορίες και Μύθοι

Stories and Myths

Workbook

Papaloizos Publications, Inc.
www.greek123.com

Theodore C. Papaloizos, Ph.D.

ISBN # 978-0-932416-94-0

Copyright © 2006 By Papaloizos Publications, Inc.

Printed in Korea

www.greek123.com

Μάθημα πρώτο - Lesson 1

Το σχολείο

A. Complete the sentences:

1. **Πολλά ελληνόπουλα πηγαίνουν στο** _____

2. **Κοντά στην εκκλησία είναι το** _____

3. **Το σχολείο έχει πολλές** _____

4. **Το σχολείο έχει έξι** _____

5. **Πάνω από τον πίνακα είναι γραμμένο το** _____

_____

6. **Είναι γραμμένο με μικρά και κεφαλαία** _____

B. Γράψετε στα ελληνικά τι βλέπετε:

1. _____   3. _____

2. _____   4. _____

C. Κάνετε έναν κύκλο (circle) γύρω από τις λέξεις με δίψηφα φωνήεντα:

γραφείο   αίθουσα   τάξεις   βιβλιοθήκη

3

D. Κάνετε έναν κύκλο γύρω από τις λέξεις με δίψηφα σύμφωνα:

παπούτσι   μπαμπάς   άνθρωπος   γυναίκα   ντομάτα   έτσι

τζάκι   χάρτες   αγκαλιά   μπακλαβάς   μαντολίνο   κορίτσι

E. Βάλτε μπροστά από κάθε λέξη ένα από τα άρθρα **ο, η, το, οι, τα**:

1. _____ **θρανία**   5. _____ **δασκάλα**   9. _____ **μαθήτριες**

2. _____ **τάξη**   6. _____ **δάσκαλος**   10. _____ **αλφάβητο**

3. _____ **κτίρια**   7. _____ **αίθουσα**   11. _____ **βιβλιοθήκες**

4. _____ **τάξεις**   8. _____ **δασκάλες**   12. _____ **βιβλιοθήκη**

F. Translate the words in parenthesis to Greek:

1. **Ο Γιάννης και ο Γιώργος** (are) _____ **μαθητές**.

2. **Ο Γιώργος** (is) _____ **τώρα στην τάξη**.

3. **Η Μαρία, ρωτά την Ελένη, Ελένη πού** (are) _____ ;

4. **Η Ελένη απαντά,** (I am) _____ **στο δωμάτιό μου**.

5. **Η μαμά φωνάζει, κορίτσια πού** (are you) _____ ;

6. **Τα κορίτσια απαντούν,** (we are) _____ **στο δωμάτιο μας**.

G. Γράψετε τι μπορούμε να δούμε μέσα σε μια τάξη:

1. _____   4. _____

2. _____   5. _____

3. _____   6. _____

4

Μάθημα δεύτερο - Lesson 2

Η Ελλάδα

A.   Σημειώστε τη σωστή απάντηση (mark the correct answer):

1.   **Εμείς οι Έλληνες έχουμε τις ρίζες μας:**

   στην Αμερική _____

   στην Ευρώπη _____

   στην Ελλάδα _____

2.   **Η Ελλάδα είναι μια χώρα:**

   στην Αμερική _____

   στην Ευρώπη _____

   στην Ασία _____

3.   **Η Ελλάδα είναι:**

   μικρή χώρα _____

   μεγάλη χώρα _____

   πολύ μικρή χώρα _____

4.   **Η Ελλάδα έχει:**

   λίγα νησιά _____

   κανένα νησί _____

   πολλά νησιά _____

5.   **Ο ουρανός της είναι:**

   σχεδόν πάντοτε καθαρός _____

   ποτέ καθαρός _____

   πάντοτε καθαρός _____

6.   **Η θάλασσα της Ελλάδας έχει:**

   ένα κοκκινοπράσινο χρώμα _____

   ένα γαλανό χρώμα _____

   ένα βαθύ γαλανό χρώμα _____

B.   Κοιτάξετε την εικόνα (picture) στο βιβλίο σας, μάθημα 2.

   1. **Ποιο χάρτη δείχνει η εικόνα;** _____

   2. **Μπορείτε να δείτε την Ελλάδα στον χάρτη αυτόν;** _____

   3. **Τι χρώμα είναι η Ελλάδα;** _____

   4. **Ποιο άλλο πράγμα δείχνει την Ελλάδα;** _____

C.   Γράψετε τον πληθυντικό (plural) των λέξεων:

1. **ο άνθρωπος** _____   4. **ο καλός** _____

2. **ο γιατρός** _____   5. **ο φίλος** _____

3. **ο ποταμός** _____   6. **ο νέος** _____

D.   Fill in the blanks using the verb **γράφω** (1):

   1. **Τα παιδιά** (write) _____ **στον πίνακα.**

   2. **Εμείς δεν** (write) _____ **στον πίνακα,** (we write)
      _____ **στα τετράδια.**

   3. **Ανδρέα,** (do you write) _____ **στο τετράδιο;**

   4. **Μάλιστα, εγώ πάντοτε** (I write) _____ **στο τετράδιο.**

   5. **Η Σοφία, τι** (writes) _____ ;

   6. **Η Σοφία** (does not write) _____

E.   Translate to Greek:

1. We have many books. _____

2. Do you have a map of Greece? _____

   _____

3. Yes, we have a map of Greece and a map of Europe. _____

   _____

4. Which is bigger, Greece or Europe? _____

6

library or bookcase

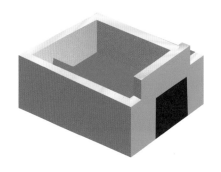

hall or classroom

alphabet

class

Saturday

The Verb "I am"

η αίθουσα

η βιβλιοθήκη

η τάξη

το αλφάβητο

εγώ	είμαι
εσύ	είσαι
αυτός, αυτή, αυτό	είναι
εμείς	είμαστε
εσείς	είστε
αυτοί, αυτές, αυτά	είναι

το Σάββατο

Flash Cards *Μάθημα δεύτερο*

world or people

democracy

sky

color

country

spring

η δημοκρατία	ο κόσμος
το χρώμα	ο ουρανός
η άνοιξη	η χώρα

Μάθημα τρίτο - Lesson 3

Η Αθήνα

A.   Σημειώστε τη σωστή απάντηση (mark the correct answer):

1.   **Η Αθήνα είναι:**

μια πόλη στην Ελλάδα _____
η πρωτεύουσα της Ελλάδας _____
ένα μικρό χωριό _____

2.   **Η Ακρόπολη είναι:**

ένα νησί _____
ένα στάδιο _____
ένας λόφος στην Αθήνα _____

3.   **Ο Παρθενώνας είναι:**

ένας αρχαίος ναός _____
ένας λόφος στην Αθήνα _____
μια εκκλησία στην Αθήνα _____

4.   **Ο Παρθενώνας είναι χτισμένος:**

στην Αθήνα _____
πάνω στην Ακρόπολη _____
στα νησιά της Ελλάδας _____

B.   Complete the sentences:

1.   **Η Αθηνά ήταν ένα** _____

2.   **Η Αθήνα είναι μια** _____

3.   **Έχω μια αδελφή που τη λένε (Αθηνά ή Αθήνα);** _____

4.   **Η Αθήνα είναι** _____ **της Ελλάδας.**

5.   **Ο Παρθενώνας ήταν** _____ **αφιερωμένος στη**

θεά _____

11

C. Use the adjective (επίθετο) **αρχαίος, αρχαία, αρχαίο** with the words:

1. _____ **μνημεία**   5. _____ **πόλη**
2. _____ **μνημείο**   6. _____ **ναός**
3. _____ **πρωτεύουσα** 7. _____ **λόφος**
4. _____ **φωτογραφία** 8. _____ **στάδιο**

D. Use the verbs **έχω, χτυπώ, αγαπώ, είμαι** in the proper form:

1. **Η πόρτα _____ ένα κουδούνι.**

2. **Όταν θέλουμε να μπούμε στο σπίτι,**
   _____ το κουδούνι.

3. **Το κουδούνι _____ δυνατά.**
   _____ καμωμένο από σίδερο.

4. **Μου αρέσει το κουδούνι.**
   Ο αδελφός μου το _____ πολύ.

5. **Του αρέσει να ακούει το κουδούνι να _____**

E. Τι βλέπετε στην εικόνα;

600

1. _____   2. _____

Μάθημα τέταρτο - Lesson 4

Ο Ζευς

A. Σημειώστε τη σωστή απάντηση (mark the correct answer):

1. **Οι αρχαίοι Έλληνες ήταν:**

   ειδωλολάτρες _____

   Χριστιανοί _____

   δεν πίστευαν σε θεούς _____

2. **Ο Ζευς ήταν:**

   πατέρας όλων των ανθρώπων _____

   πατέρας όλων των θεών _____

   πατέρας των θεών και ανθρώπων _____

3. **Ο Ζευς είχε και άλλο όνομα. Λεγόταν:**

   Ποσειδώνας _____

   Απόλλωνας _____

   Δίας _____

4. **Ο Ζευς δεν ήταν θεός:**

   της βροχής _____

   της αστραπής _____

   του πολέμου _____

5. **Οι Έλληνες έχτισαν πολλούς ναούς προς τιμή του Δία. Ο μεγαλύτερος ήταν:**

   στην Αθήνα _____

   στην Ακρόπολη _____

   στην Ολυμπία _____

6. **Σε έναν ναό του Δία ήταν ένα άγαλμά του καμωμένο:**

   από σίδερο _____

   από μάρμαρο _____

   ήταν χρυσελεφάντινο _____

13

B.   Βάλτε μπροστά από κάθε λέξη ένα από τα άρθρα **ο, η, το, οι, τα**:

1. ____ **κακός άνθρωπος**   4. ____ **μεγάλο άγαλμα**   7. ____ **Δίας**

2. ____ **τρομερή αστραπή**   5. ____ **δυνατή βροντή**   8. ____ **Ζευς**

3. ____ **καλοί χριστιανοί**   6. ____ **μεγάλες γυναίκες**   9. ____ **Αθηνά**

C.

1.   **Ποιον νομίζετε πως δείχνει η εικόνα;** _____

2.   **Τι κρατά στο χέρι του;** _____

3.   **Τι είναι στο αριστερό μέρος της εικόνας;** _____

4.   **Τι είναι στο πάνω αριστερό μέρος;** _____

5.   **Τι είναι στο πίσω μέρος;** _____

_____

D.   Use these Group 3 Verbs **μπορώ** (I can), **ζω** (I live), **ευχαριστώ**
     (I thank), and **οδηγώ** (I drive) to translate the sentences:

1.   He can. _____

2.   He cannot. _____

3.   I thank. _____

4.   I thank you. _____

5.   We thank. _____

6.   They thank. _____

7.   He lives here. _____

8.   I drive a car. _____

Flash Cards *Μάθημα τρίτο*

capital

Athens

Parthenon

temple

I build

goddess

η Αθήνα

η πρωτεύουσα

ο ναός

ο Παρθενώνας

η θεά

χτίζω (1)

Flash Cards Μάθημα τέταρτο

Zeus

Christian

thunder

lightning

palace

rain

ο Χριστιανός

ο Ζευς

η αστραπή

η βροντή

το παλάτι

η βροχή

Μάθημα πέμπτο - Lesson 5

Ο Μίδας

A. Fill in the blanks:

   1. **Κάποτε ήταν ένας βασιλιάς.**

       Ο βασιλιάς αυτός ήταν πολύ _____

   2. **Είχε πολύ** _____

   3. **Ήθελε όμως κι άλλο** _____

   4. **Όταν έβλεπε τα χρυσαφένια σύννεφα στον ουρανό έλεγε,**

       _____

   5. **Έβλεπε τα σύννεφα και** _____

   6. **Μια μέρα παρουσιάστηκε ο θεός** _____

   7. **Τι έχεις και** _____ **, καλέ μου**

       _____ **του είπε. Τι θέλεις;**

   8. **Θέλω ό,τι παίρνω στα χέρια μου να γίνεται** _____

   9. **Αυτό θέλεις;** _____ **θα γίνει, είπε ο θεός.**

B. Σημειώστε τη σωστή απάντηση:

   1. **Κάθε πράγμα που άγγιζε ο βασιλιάς γινόταν:**

       νερό _____
       σίδερο _____
       χρυσάφι _____

   2. **Ποια από αυτά δεν άγγιξε ο βασιλιάς:**

       ένα δέντρο _____   **έναν καναπέ** _____   **ένα κουτάλι** _____

       ένα άγαλμα _____   **ένα πιρούνι** _____   **την κόρη του** _____

       ένα μαχαίρι _____   **τη γυναίκα του** _____

C.　Τι έγινε στο τέλος:

1.　**Τι έδωσε ο θεός στον βασιλιά;** _____

2.　**Τι του είπε να κάνει;** _____

3.　**Έγιναν τα πράγματα όπως ήταν πρώτα;** _____

D.

1.　**Βλέπετε ένα παλάτι;** _____

2.　**Πόσα δέντρα βλέπετε;** _____

3.　**Τι κρατάει ο βασιλιάς στο χέρι του;** (scepter) _____
(Βρείτε την ελληνική λέξη στο λεξιλόγιο, στο πίσω μέρος του βιβλίου.)

4.　**Τι φορεί ο βασιλιάς;** (crown) _____
(Βρείτε κι αυτή τη λέξη στο πίσω μέρος του βιβλίου.)

E.　Στο βιβλίο διαβάσατε για τα αρσενικά που τελειώνουν σε **-ας** και
-ης και πώς κάνουμε τον πληθυντικό αριθμό (plural number).
Τρέψετε (change) αυτές τις προτάσεις (sentences) στον πληθυντικό:

1. **Ο μαθητής είναι καλός.** _____

2. **Ο άντρας είναι δυνατός.** _____

3. **Ο στρατιώτης είναι γενναίος.** _____

　　4. **Ο αθλητής τρέχει γρήγορα.** _____

Μάθημα έκτο - Lesson 6

Τα γενέθλια της Παναγίας

A. Σημειώστε τη σωστή απάντηση:

1. **Τα γενέθλια της Παναγίας τα γιορτάζουμε:**
    τα Χριστούγεννα _____
    στις 8 Σεπτεμβρίου _____
    το Πάσχα _____

2. **Η Παλαιστίνη είναι μια χώρα:**
    στην Ευρώπη _____
    στην Ελλάδα _____
    στην Μέση Ανατολή _____

3. **Ο Ιωακείμ και η Άννα παρακαλούσαν τον θεό:**
    να τους έχει καλά _____
    να ζήσουν εκατό χρόνια _____
    να τους στείλει ένα παιδί _____

4. **Ο θεός άκουσε την προσευχή τους και:**
    τους έστειλε δυο κοριτσάκια _____
    τους έστειλε ένα αγοράκι _____
    τους έστειλε ένα κοριτσάκι _____

5. **Το κοριτσάκι το ονόμασαν:**
    Μαρία _____
    Ευαγγελία _____
    Άννα _____

B. Put the words in order and make a correct sentence:

1. **την   άκουσε   θεός   Ο   προσευχή   τους.**

    _____

2. **στον   έφερε   Χριστό.   Μαρία   κόσμο   Η   τον**

    _____

C.   The verb **μεγαλώνω** means I grow, I grow up. It is a Group 1 Verb.

Translate these using forms of the verb **μεγαλώνω**:

1.   He grows. _____

2.   We grow. _____

3.   They grow up. _____

4.   Does the tree grow? _____

D.   Τι βλέπετε στην εικόνα;

1. _____

2. _____

3. _____

4. _____

E.   Translate to Greek:

1. The country is rich. _____

2. The countries are rich. _____

3. The church is big. _____

4. The churches are big. _____

5. My mother is good. _____

6. Our mothers are good. _____

7. The yard is green. _____

8. The yards are green. _____

daughter

king

pleased

gold

I embrace

every

ο βασιλιάς

η κόρη

το χρυσάφι

ευχαριστημένος
ευχαριστημένη
ευχαριστημένο

κάθε

αγκαλιάζω (1)

woman or wife

September

girl

man or husband

Please!

child

ο Σεπτέμβριος

η γυναίκα

ο άντρας

το κορίτσι

το παιδί

Παρακαλώ!

Μάθημα έβδομο - Lesson 7

Η κότα με τα χρυσά αβγά

A. Απαντήστε στις ερωτήσεις (answer the questions):

1. **Τι είχε ο χωρικός;** _____

2. **Τι γεννούσε η κότα;** _____

3. **Πώς ήταν το αβγό;** _____

4. **Τι έκανε ο χωρικός το αβγό;** _____

5. **Γιατί ο χωρικός ήθελε να σφάξει** (slaughter) **την κότα;** _____

   _____

6. **Τι βρήκε ο χωρικός στην κοιλιά της κότας;** _____

   _____

7. **Τι έπαθε στο τέλος ο χωρικός;** _____

   _____

B. Match the picture to the word:

1. **χωρικός**

   a.

2. **χρυσό αβγό**

   b.

3. **κότα**

   c.

4. **λεφτά**

   d.

C.   Write the article in front of each word:

αρσενικά (masculine)   with **o** and **οι**
θηλυκά (feminine)   with **η** and **οι**
ουδέτερα (neuter)   with **το** and **τα**

1. ____ χωρικός   3. ____ κότα   5. ____ μέρα
2. ____ αβγό   4. ____ λεφτά   6. ____ κοιλιά

D.   Examples of the four groups of verbs:

τρέχω (1)   **περπατώ** (2)   **ευχαριστώ** (3)   **έρχομαι** (4)

In the lesson you studied the verb **έρχομαι**. The following exercise is based on this verb. Translate the words in parenthesis:

1. **Το τρένο** (comes) _____ **στις οχτώ.**

2. **Δυο φίλοι μου** (come) _____ **από την Ελλάδα σήμερα.**

3. **Από πού** (do you come) _____ , **Γιάννη;**

4. (I come) _____ **από τη δουλειά μου.**

5. **Εσείς από πού** (are you coming) _____ ;

6. **Εμείς** (we are coming) _____ **από την πόλη.**

E.   Change the sentences to plural number:

1.   **Ο χωρικός είχε μια κότα.**

      _____ **πολλές** _____

2.   **Η κότα έκανε ένα χρυσό αβγό.**

      _____ **πολλά** _____

Μάθημα όγδοο - Lesson 8

Ο λαγός και η χελώνα

A.   Σημειώστε τη σωστή απάντηση:

1.   **Ο λαγός και η χελώνα:**

   είναι φίλοι   _____

   τρέχουν μαζί   _____

   μαλώνουν   _____

2.   **Ο λαγός:**

   δεν είναι πιο γρήγορος από τη χελώνα   _____

   η χελώνα είναι πιο αργή από τον λαγό   _____

   ο λαγός δεν είναι πιο αργός από τη χελώνα   _____

3.   **Ο λαγός και η χελώνα αποφασίζουν να:**

   τρέξουν   _____

   να παλέψουν   _____

   να τραγουδήσουν   _____

4.   **Ο λαγός κοιμάται και φτάνει πρώτος στο τέλος.**   _____

   Η χελώνα πέφτει να ξεκουραστεί.   _____

   Η χελώνα φτάνει πρώτη στο τέλος.   _____

B.   Translate orally then write your answers:

1. I run quickly. _____

2. I am fast (quick). _____

3. I can run fast. _____

4. I rest. _____

5. He rests. _____

6. I sleep. _____

7. He sleeps. _____

8. Tomorrow morning. _____

9. This morning. _____

29

C.   Give the plural of these words:

1.   ένας λαγός   δυο _____

2.   ένα λεπτό   δυο _____

3.   μια μέρα   δυο _____

4.   μια ιστορία   πολλές _____

5.   ένα μύθος   δυο _____

6.   ένας γρήγορος αθλητής   πολλοί _____

7.   ένα καλό μάθημα   πολλά _____

8.   ένα ψηλό βουνό   τρία _____

9.   μια μεγάλη παραλία   πολλές _____

D.   Oral exercise with the verb γελώ (2) I laugh:

1. Do you laugh?   3. He laughs.   5. They laugh.

2. We do not laugh.   4. He does not laugh.

E.

1.   **Τι δείχνει η εικόνα;** _____

_____

2.   **Ποια είναι τα δυο ζώα της εικόνας;** _____

3.   **Ποιο ζώο είναι κοντά στο «τέλος»;** _____

4.   **Τι κάνει ο λαγός;** _____

30

I lose

I sell

I find

belly

mind

I take

πουλώ (2)

χάνω (1)

η κοιλιά

βρίσκω (1)

παίρνω (1)

ο νους

Flash Cards   *Μάθημα όγδοο*

hare

myth

fast

turtle

I sleep

slowly

ο μύθος

ο λαγός

η χελώνα

γρήγορος
γρήγορη
γρήγορο

σιγά

κοιμούμαι (4)
ή
κοιμάμαι

Μάθημα ένατο - Lesson 9

Η Ημέρα του ΟΧΙ

A.   Σημειώστε τη σωστή απάντηση:

    1.   **Η Ημέρα του ΟΧΙ λέγεται έτσι γιατί:**
        όλοι εκείνη τη μέρα φωνάζουμε ΟΧΙ   ____
        οι Ιταλοί είπαν ΟΧΙ στους Έλληνες   ____
        οι Έλληνες είπαν ΟΧΙ στους Ιταλούς   ____

    2.   **Γιορτάζουμε την Ημέρα του ΟΧΙ:**
        στις 25 Μαρτίου   ____
        τα Χριστούγεννα, στις 25 Δεκεμβρίου   ____
        στις 28 Οκτωβρίου   ____

    3.   **Ο πόλεμος με τους Ιταλούς έγινε:**
        το 1821   ____
        το 2004   ____
        το 1940   ____

    4.   **Οι Έλληνες είχαν:**
        μεγαλύτερο στρατό από τους Ιταλούς   ____
        λιγότερο στρατό από τους Ιταλούς   ____
        πιο πολλά αεροπλάνα   ____

    5.   **Την Ημέρα του ΟΧΙ πολλά παιδιά ντύνονται:**
        σαν στρατιώτες   ____
        σαν εύζωνοι   ____
        σαν αεροπόροι   ____

B.   Change these sentences to Past tense (Past Continuous or Past Simple):

1. **Σήμερα βρέχει. Χτες** (it was raining) _____

   ή (it rained) _____

2. **Σήμερα τρώμε κρέας. Χτες** (we ate) _____ **κρέας.**

3. **Τώρα παίζουμε ποδόσφαιρο. Χτες** (we were playing) _____.

   Χτες (we played) _____ **ποδόσφαιρο.**

C.	Γράψετε τον πληθυντικό (plural):

1.	**ένας εύζωνος**

	πολλοί _____

2.	**ένας στρατιώτης**

	μερικοί _____

3.	**ένα χρωματιστό γελέκο**

	δυο _____

4.	**μια μεγάλη και δυνατή χώρα**

	πολλές _____

D.	Να χωρίσετε τις λέξεις σε **αρσενικά** (με το ο), **θηλυκά** (με το η) και **ουδέτερα** (με το το):

**στολή, στρατιώτης, αεροπλάνο, εύζωνος, μνημείο
φέσι, φουστανέλλα, ήρωας, νίκη, Ιταλός
Ελλάδα, γελέκο, παρέλαση, Έλληνας, τσαρούχι**

αρσενικά	θηλυκά	ουδέτερα
1. _____	6. _____	11. _____
2. _____	7. _____	12. _____
3. _____	8. _____	13. _____
4. _____	9. _____	14. _____
5. _____	10. _____	15. _____

36

Μάθημα δέκατο - Lesson 10

Ο Δούρειος Ίππος

A. Σημειώστε τη σωστή απάντηση:

1. **Η λέξη ίππος σημαίνει:**
   βόδι   _____
   άλογο   _____
   ιπποπόταμο   _____

2. **Οι Έλληνες πολεμούσαν με την Τροία και
   δεν μπορούσαν να νικήσουν για:**
   πέντε χρόνια   _____
   είκοσι χρόνια _____
   δέκα χρόνια   _____

3. **Οι Έλληνες σκέφτηκαν να πάρουν την Τροία:**
   με τα όπλα τους   _____
   να την κάψουν   _____
   με πονηριά   _____

4. **Σκέφτηκαν να κάνουν:**
   ένα μεγάλο άλογο   _____
   ένα μεγάλο ιπποπόταμο _____
   ένα μεγάλο πλοίο   _____

5. **Αυτό το άλογο το έδωσαν για δώρο:**
   στους θεούς της Τροίας   _____
   στους πολεμιστές της Τροίας _____
   στον βασιλιά της Τροίας   _____

B. The following sentences are wrong. Correct them:

1. **Οι Έλληνες πήγε στα πλοία τους.**

   _____

2. **Ένας μεγάλος και ψηλός άλογο.**

   _____

3. **Τα πλοία μπαίνει στο λιμάνι.**

_____

4. **Το άλογο είναι δώρα στους θεούς.**

_____

C. Here are some past tenses:

γράφω - I write	**έγραψα** - I wrote
ανοίγω - I open	**άνοιξα** - I opened
βγαίνω - I go out	**βγήκα** - I went out
μπαίνω - I come in	**μπήκα** - I came in
αγαπώ - I love	**αγάπησα** -I loved

Using the above verbs, translate to Greek the following:

1. I write a letter. _____

2. I wrote a letter. _____

3. He comes in. _____

4. He came in. _____

5. We went out. _____

6. We go out. _____

7. Do you open the door?

_____

8. Did you open the door?

_____

9. She loves her school.

_____

10. She loved her school.

_____

1000

October

one thousand

4O

forty

nine hundred

today

victory

ο Οκτώβριος	χίλια
εννιακόσια	σαράντα
η νίκη	σήμερα

ship

horse

I go away

tall

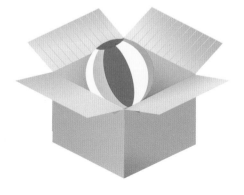

in or inside

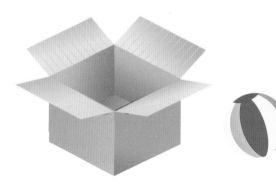

out

το άλογο

το πλοίο

ψηλός
ψηλή
ψηλό

φεύγω (1)

έξω

μέσα

Μάθημα εντέκατο - Lesson 11

Ο Αχιλλέας

A. Σημειώστε τη σωστή απάντηση:

1. **Στον Τρωικό Πόλεμο πολεμούσαν:**

    οι Αθηναίοι με τους Σπαρτιάτες _____
    οι Σπαρτιάτες με την Τροία _____
    οι Έλληνες με την Τροία _____

2. **Ο Αχιλλέας ήταν:**

    γενναίος και δυνατός _____
    ήταν αθάνατος _____
    φοβόταν ότι θα σκοτωθεί _____

3. **Ένας μάντης είπε ότι ο Αχιλλέας θα σκοτωθεί:**

    από ένα άγριο θηρίο _____
    από ένα βέλος στο στήθος (chest) _____
    από ένα βέλος στη φτέρνα _____

4. **Ο Αχιλλέας έγινε αθάνατος:**

    γιατί γεννήθηκε αθάνατος _____
    γιατί μια μάγισσα (witch) **τον έκανε αθάνατο** _____
    γιατί η μητέρα του τον έβαλε σε μια φωτιά _____

5. **Ο Αχιλλέας σκότωσε:**

    τον Έκτορα _____
    τον Πάρι _____
    τον Οδυσσέα _____

6. **Ο Αχιλλέας σκοτώθηκε:**

    από τον Πάρι _____
    από τον Έκτορα _____
    από τον Οδυσσέα _____

B.   Change the sentences to plural:

1.   **Ο κεφτές είναι από κρέας.**

_____ **είναι από κρέας.**

2.   **Ο καναπές είναι αναπαυτικός** (comfortable).

_____ **είναι αναπαυτικοί.**

3.   **Ο ήρωας είναι γενναίος και δυνατός.**

_____

4.   **Ο ναύτης είναι νέος.** _____

C.   Συμπληρώστε με το ρήμα **είμαι** και **ήμουν**:

1.   **Οι μαθητές τώρα** _____ **στην τάξη.**

Οι μαθητές χτες _____ **στην τάξη.**

2.   **- Η μητέρα ρωτά, πού** _____ **Σοφία;**

- Η μητέρα ρώτησε τη Σοφία, πού _____ **χτες το πρωί;**

3.   **Κάθε πρωί εμείς** _____ **στο σχολείο.**

Χτες το πρωί δεν _____ **στο σχολείο.**

D.   Oral Exercise:

1.   **Τι ήταν ο Αχιλλέας;**
2.   **Ποια ήταν η μητέρα του;**
3.   **Πώς τον έκανε αθάνατο;**
4.   **Τι μπορούσε να σκοτώσει τον Αχιλλέα;**
5.   **Σε ποιο πόλεμο πήγε να πολεμήσει;**
6.   **Ποιοι πολέμησαν στον πόλεμο αυτόν;**

E.   Γράψετε τι βλέπετε στην εικόνα του βιβλίου σας, μάθημα 11:

1._____

2._____

3._____

Μάθημα δωδέκατο - Lesson 12

Ο κόρακας και η πανούργα αλεπού

A. Fill in the blanks from the lesson:

1. Ένας _____ κάθεται στο _____

    ενός _____

2. Στο στόμα του έχει ένα _____

3. Κάτω από το δέντρο είναι μια _____

4. Βλέπει τον κόρακα και θέλει να πάρει το _____

5. - Είσαι πολύ _____ κόρακας, του λέει.

6. - Αν είχες και _____ θα ήσουν _____ των ζώων.

7. Ο κόρακας ανοίγει _____ του και κάνει

    κρα, κρα, κρα. Το _____ πέφτει από το στόμα του

    και το παίρνει _____

B. Πώς λέτε στα ελληνικά;

1. father's car _____

2. the color of the sky _____

3. teacher's (ο δάσκαλος) books _____

4. the classroom of the pupil _____

5. the man's clothes _____

6. the name of the doctor _____

7. the name of the priest (ο παπάς) _____

C. Translate:

1. king _____   4. voice _____

2. crow _____   5. fox _____

3. mouth _____   6. cheese _____

D. Use the following scrambled words to make correct sentences:

1. πουλί. το όμορφο πιο Εισαι

   _____

2. δεν μα Φωνή έχεις, μυαλό έχεις.

   _____

3. ένα τυρί. έχει στόμα κομμάτι Στο του

   _____

E. Use the adjective **πονηρός, πονηρή, πονηρό, πονηροί, πονηρά**:

1. _____ μαθήτρια   5. _____ αλεπού
2. _____ άνθρωποι   6. _____ πουλιά
3. _____ μαθητής   7. _____ παιδιά
4. _____ βασιλιάς   8. _____ πουλί

F. Write 4 things you see:

1. _____   3. _____

2. _____   4. _____

46

Flash Cards *Μάθημα εντέκατο*

heel

fire

place

magic or magical

still or yet

Past tense of the
Verb - I am
(I was)

η φωτιά

η φτέρνα

μαγικός
μαγική
μαγικό

το μέρος

εγώ	ήμουν
εσύ	ήσουν
αυτός, αυτή, αυτό	ήταν
εμείς	ήμαστε
εσείς	ήσαστε
αυτοί, αυτές, αυτά	ήταν

ακόμα

bird

tree

voice

mouth

beautiful or pretty

I yell or I shout

το δέντρο

το πουλί

το στόμα

η φωνή

φωνάζω (1)

όμορφος
όμορφη
όμορφο

Μάθημα δέκατο τρίτο - Lesson 13

Το τσοπανόπουλο που έλεγε ψέματα

A. Σημειώστε τη σωστή απάντηση:

1. **Τσοπανόπουλο είναι ένα παιδί που:**
    έχει πρόβατα   _____
    βόσκει πρόβατα   _____
    του αρέσουν τα πρόβατα   _____

2. **Το τσοπανόπουλο έβοσκε πρόβατα:**
    στο χωριό μέσα   _____
    στα χωράφια   _____
    στο βουνό   _____

3. **Του άρεσε:**
    να λέει ψέματα   _____
    να χτυπά τα πρόβατα   _____
    να παίζει με τον λύκο   _____

4. **Όταν φώναζε «βοήθεια, βοήθεια, λύκος, λύκος» το έκανε:**
    για να κάνει χάζι   _____
    γιατί ένας λύκος έτρωγε τα πρόβατά του _____
    γιατί δεν είχε τίποτε άλλο να κάνει   _____

B. Complete the sentences with words from the reading:

1. **Το τσοπανόπουλο βόσκει** _____

2. **Του αρέσει να λέει** _____

3. **Του αρέσει να πειράζει τον** _____

4. **Του αρέσει να φωνάζει** _____ _____
   όταν δεν υπάρχει λύκος.

5. **Μια μέρα όμως ένας λύκος τρώει ένα από τα** _____ **του.**

6. **Το τσοπανόπουλο πάλι φωνάζει:** _____

   _____ **. Κανένας δεν το** _____

C. Κοιτάξετε στην εικόνα που είναι στο βιβλίο σας, μάθημα 13.

    1. **Τι βλέπετε στο κάτω μέρος δεξιά;** _____

    2. **Τι νομίζετε πως φωνάζει το τσοπανόπουλο;** _____

    3. **Στο πάνω μέρος δεξιά, τι βλέπετε;** _____

    4. **Τα πόδια του τσοπανόπουλου είναι** _____

D. Translate to Greek the words in parenthesis:

    1. **τα δόντια** (of the wolf) _____

    2. **οι φωνές** (of the people) _____

    3. **τα παιδιά** (of the school) _____

    4. **τα δέντρα** (of the mountain) _____

    5. **τα μαλλιά** (of the boy) _____

    6. **το φουστάνι** (of the girl) _____

E. Find the words in these scrambled letters:

    1. **ςοκλυ** _____   3. **αθειηοβ** _____

    2. **ταμαψε** _____   4. **ζιχα** _____

F. Η δασκάλα κάτι ήθελε να γράψει στον πίνακα, το έγραψε όμως
    λάθος. Μπορείτε να βρείτε τι ήθελε να γράψει η δασκάλα;
    (Can you find out what the teacher wanted to write?)

    Πάρτε τα βιβλία στο μάθημα σας και διαβάστε το σπίτι.

    _____

    _____

Μάθημα δέκατο τέταρτο - Lesson 14

Στη Βηθλεέμ

A. Συμπληρώστε (complete) τις προτάσεις με λέξεις από το μάθημα 14:

1. **Ταξιδεύουμε και πάμε σε μια πόλη που λέγεται _____ .**
   Η πόλη αυτή είναι στην Παλαιστίνη (Palestine).
2. **Στον ουρανό λάμπουν τα _____**
3. **Κάνει _____ αλλά η νύχτα είναι _____**
4. **Έξω από τη Βηθλεέμ, σε μια _____ που έτρωγαν ζώα,**
   μια νέα γυναίκα, η _____ φέρνει στον κόσμο ένα _____
5. **Το _____ αυτό είναι ο _____, ο γιος του _____**
6. **Από τον ουρανό κατεβαίνουν _____ ,**
   πετούν πάνω από _____ και ψάλλουν γλυκά.
7. **Μερικοί _____ αφήνουν τα πρόβατά τους και**
   έρχονται να προσκυνήσουν τον μικρό _____
8. **Και τρεις _____ από την Ανατολή έρχονται πάνω**
   στις _____ να προσκυνήσουν και αυτοί τον νέο
   βασιλιά του κόσμου και να του δώσουν τα _____ τους.

B. We now know how to form the possessive case of masculine, feminine and neuter words.

(masculine words with **o**, feminine with **η** and neuter with **το**)

Possessive case is the case that shows possession. Here is a review:

Masculine words ending in **-ος**, in the possessive **-ος** becomes **-ου**.

ο θεός - **του** θεού

The other masculine words in the possessive drop the **-ς**.

-ας	**ο** πατέρας - **του** πατέρα
-ης	**ο** μαθητής - **του** μαθητή
-ες	**ο** καναπές - **του** καναπέ
-ους	**ο** παππούς - **του** παππού

Feminine words in the possessive add -ς.

η μητέρα - **της** μητέρα**ς**

η κόρη - **της** κόρη**ς**

Neuter words in the possessive change **-o** or **-ι** to **-ου**.

το βιβλίο - **του** βιβλί**ου**

το παιδί - **του** παιδι**ού**

Write the possessive of the words in parenthesis:

1.   **τα φώτα** (of the city) _____

2.   **τα φτερά** (of the angel) _____

3.   **η γέννηση** (Christ's) _____

4.   **τα δώρα** (of the wise man) _____

5.   **οι μέρες** (of the month) _____

6.   **το φως** (of the star) _____

7.   **ο γιος** (of God) _____

8.   Maria's son _____

C.   Κοιτάξετε την εικόνα στο βιβλίο σας, μάθημα 14.
Γράψετε τι βλέπετε:

_____

_____

_____

_____

_____

54

truth

I see

lie

I say

I bother

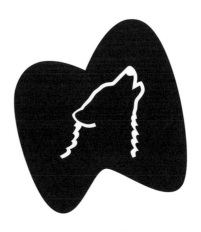

wolf

βλέπω (1)

η αλήθεια

λέω (1)

το ψέμα

ο λύκος

πειράζω (1)

Flash Cards *Μάθημα δέκατο τέταρτο*

angel

town or city

animal

son

wise man

months

η πόλη

ο άγγελος

ο γιος

το ζώο

οι μήνες

ο μάγος

Μάθημα δέκατο πέμπτο - Lesson 15

Τα φωτάκια της Άννας

A.   Σημειώστε τη σωστή απάντηση:

1.   **Η Άννα ήταν:**
     μια μεγάλη μητέρα   _____
     μια γιαγιά   _____
     ένα μικρό κορίτσι   _____

2.   **Η Άννα ζούσε:**
     σ' ένα σπίτι στην πόλη   _____
     σ' ένα σπίτι στο χωριό   _____
     σ' ένα σπίτι κοντά σ' ένα δάσος _____

3.   **Ο πατέρας της Άννας:**
     ήταν μαραγκός (carpenter)   _____
     ήταν ξυλοκόπος   _____
     αγόραζε ξύλα   _____

4.   **Τι έκανε η Άννα, όταν γύριζε ο πατέρας της:**
     του έδινε φαγητό να φάει   _____
     του έδινε νερό να πλυθεί   _____
     του έβγαζε το σακάκι του   _____
     τον φιλούσε   _____
     του έβγαζε τα παπούτσια του   _____

B.   Translate to Greek:

1. Anna's father was a woodcutter. _____

_____

2. She lived with her father and mother in a little house. _____

_____

3. The house was near a forest. _____

_____

4. Every evening she was waiting for him at the window. _____

_____

C.   Write these sentences in the future tense:

1. Ο πατέρας της Άννας κόβει ξύλα. Και αύριο _____ ξύλα.

2. Η Άννα δένει ένα φωτάκι στο δέντρο.

   Το Σάββατο _____ δυο φωτάκια στο δέντρο.

3. Ο πατέρας γυρίζει αργά από το δάσος. Αύριο _____ νωρίς.

4. Τα ξύλα τα πουλάει στην αγορά.

   Αύριο ____ τα _____ σε ένα φίλο του.

5. Άννα φιλάς τον πατέρα κάθε βράδυ; _____ τον _____
   αύριο το βράδυ που θα έλθει από τη δουλειά;

D.   Η δασκάλα πάλι έκανε λάθος σ'αυτό που έγραψε στον πίνακα.
      Να τι έγραψε:
      Διαβάστε την ιστορία της Άννας που έκοβε ξύλα στο δάσος και
      του πατέρα που έδινε νερό για να πλύνει τα πόδια της.

      _____

      _____

      _____

E.   Τι βλέπετε στην εικόνα; Γράψετε τα:

1. _____

2. _____

3. _____

4. _____

Μάθημα δέκατο έκτο - Lesson 16

Ο ξυλοκόπος

A. Σημειώστε τη σωστή απάντηση:

1. **Ο ξυλοκόπος ήθελε να μείνει ακόμα λίγο στο δάσος:**
    γtα να ξεκουραστεί _____
    γtα να βλέπει το χιόνι που σκέπαζε τα δέντρα _____
    γtα να κόψει κι άλλα ξύλα _____

2. **Το χιόνι σε λίγο:**
    άρχισε να λυώνει (to melt) _____
    σκέπασε τα δέντρα _____
    έριξε πολλά δέντρα _____

3. **Ποια από αυτά είναι σωστά;**
    Ο ξυλοκόπος δεν μπορούσε να βρει τον δρόμο του:
    γtατί ήταν σκοτάδι _____
    γtατί όλο το δάσος ήταν σκεπασμένα με χιόνι _____
    γtατί η Άννα δεν είχε ανάψει το φωτάκι _____

4. **Τι πράγμα βοήθησε τον ξυλοκόπο να βρει τον δρόμο του:**
    ένα φωτάκι που άναψε η Άννα _____
    ένας άλλος ξυλοκόπος που ήταν στο δάσος _____
    τα φωτάκια που άναβαν μπροστά το ένα μετά το άλλο _____

5. **Από τα φωτάκια του ξυλοκόπου πήραν οι άνθρωποι το έθιμο:**
    Να στολίζουν τα σπίτια τους τα Χριστούγεννα _____
    Να δίνουν δώρα τα Χριστιούγεννα _____
    να στολίζουν χριστουγεννιάτικα δέντρα με φώτα _____

B. Translate to Greek:

1. It is snowing. _____

2. It snowed. _____

3. All are covered with snow. _____

4. It is getting dark. _____

5. Night came. _____

6. We turn on the lights. _____

7. We turn off the lights. _____

8. He is cutting wood. _____

9. He was cutting wood. _____

10. He cut wood. _____

11. He will cut wood. _____

C.   From these words form other words that show a smaller thing:
     (this is called the diminutive)   Ex.: **παιδί - παιδάκι**

1. **παπούτσι** _____   5. **μολύβι** _____

2. **χέρι** _____   6. **ποτήρι** _____

3. **σπίτι** _____   7. **τραπέζι** _____

4. **κουτάλι** _____   8. **μαχαίρι** _____

D.   Translate to Greek the words in parenthesis:

   1.   **Ο αδελφός μου είναι καλός. Αγαπώ** (my good brother)

        _____

   2.   **Ο ουρανός είναι καθαρός. Βλέπω** (the clear sky)

        _____

   3.   **Ο πατέρας αγαπά τα παιδιά του. Κι εμείς αγαπούμε**
        (the father) _____

E.   Find the words in this square: **φως   δάσος   έθιμο   ξύλα**

                    α λ ω δ ρ σ ε ω λ
                    ξ υ λ α φ ο θ μ α
                    ε μ ω σ α π ι ο τ
                    κ ω γ ο τ α μ ς ε
                    α φ ω ς ι τ ο β λ

wood

forest

far

near

hour or time

face

το δάσος	το ξύλο
κοντά	μακριά
το πρόσωπο	η ώρα

Flash Cards   Μάθημα δέκατο έκτο

house

custom

small light

light

door

in front

το έθιμο

το σπίτι

το φως

το φωτάκι

μπροστά

η πόρτα

Τα κάλαντα

A. Σημειώστε τη σωστή απάντηση:

1. **Ένα από τα χριστουγεννιάτικα έθιμα είναι:**
   να ψήνουμε αρνάκι στον φούρνο _____
   να βάφουμε κόκκινα αβγά _____
   να τραγουδούμε τα κάλαντα _____

2. **Τα κάλαντα συνήθως τα τραγουδούν:**
   παιδιά _____
   ηλικιωμένοι άνθρωποι _____
   οι παπάδες _____

3. **Σημειώστε τι κρατούν αυτοί που τραγουδούν τα κάλαντα:**
   τρίγωνα _____
   μαχαίρια και κουτάλια _____
   φαναράκια _____
   κουμπαρά _____
   κουδουνάκια _____

4. **Πριν να μπουν στο σπίτι, αυτοί που τραγουδύν τα κάλαντα λένε:**
   Χρόνια Πολλά! _____
   Να τα πούμε; _____
   Καλά Χριστούγεννα! _____

5. **Οι νοικοκυρές συνήθως κερνούν τους τραγουδιστές:**
   με κρασί _____
   με μελομακάρονα και κουραμπιέδες _____
   με τσάι και καφέ _____

B. Group 1 Verbs (end in **-ω**) Group 2 (end in **-ώ**) Group 3 (end in **-ώ**)

πηγαίν**ω**	τραγουδ**ώ**	ζ**ω**
φωνάζ**ω**	χαιρετ**ώ**	μπορ**ώ**
	κερν**ώ**	οδηγ**ώ**

Translate using the Present and Past tenses of Group 3 Verbs:

1. We live in America. _____

2. We lived in Greece. _____

3. He drives a small car. _____

_____

4. He was driving a big car. _____

_____

5. We can sing. _____

6. We could sing. _____

7. I greet the boys. _____

8. We greeted the girls. _____

C.   Translate the words in parenthesis:

1. **αυτός είναι** (my piggy bank) _____

2. **αυτά είναι τα λεφτά** (of my piggy bank) _____

3. **βάζω λεφτά** (in my piggy bank) _____

4. **αυτός είναι ένας** (pupil) _____

5. **αυτό είναι το θρανίο** (of the pupil) _____

6. **μιλώ** (with the pupil) _____

7. **αυτή είναι** (a door) _____

8. **χτυπώ το κουδούνι** (of the door) _____

9. **χτυπώ** (the door) _____

D.   Η δασκάλα γράφει ξεπίτηδες (on purpose) μια πρόταση στον πίνακα
       λάθος και θέλει να δει αν τα παιδιά μπορούν να τη διορθώσουν.

       **Τα παιδιά έχουν έναν κουμπαρά. Εκεί βάζουν τους ανθρώπους,
       που τους δίνουν τα λεφτά.**

_____

_____

Μάθημα δέκατο όγδοο - Lesson 18

Η βασιλόπιτα

A. Απαντήστε στις ερωτήσεις:

1. **Στο τραπέζι της Πρωτοχρονιάς πάντοτε υπάρχει μια** _____

2. **Η πίτα αυτή λέγεται έτσι δηλαδή πίτα του** _____

3. **Μέσα στη πίτα υπάρχει ένα** _____

4. **Όποιος το βρει θα είναι ο** _____

5. **Ο μέγας Βασίλειος ήταν** _____

6. **Διοικητής ήταν ένας** _____ **άνθρωπος.**

7. **Του άρεσε να παίρνει από τον κόσμο** _____

8. **Κάποτε θα πήγαινε αυτός ο** _____ **στά μέρη του Αγίου Βασιλείου.**

9. **Ο Μέγας Βασίλειος ζήτησε από κάθε οικογένεια ένα** _____

10. **Ήθελε να τα δώσει στον σκληρό** _____

11. **Ο διοκητής όμως δεν ζήτησε τίποτα. Έτσι ο Μέγας Βασίλειος είπε να φτιάξουν** _____ **και σε κάθε μια έβαλε μέσα ένα** _____

12. **Την Κυριακή, μετά την εκκλησία, έδινε σε κάθε οικογένεια μια** _____

13. **Με αυτόν τον τρόπο ο Μέγας Βασίλειος έδωσε πίσω** _____ **στον κόσμο.**

B.   Σημειώστε τη σωστή απάντηση:

1.   **Πρωτοχρονιά σημαίνει:**
     η πρώτη μέρα του μήνα _____
     η πρώτη μέρα του χρόνου _____
     η πρώτη μέρα της εβδομάδας _____

2.   **Ένας επίσκοπος είναι:**
     αρχηγός της εκκλησίας _____
     πρόεδρος (president) _____
     αρχηγός του στρατού _____

3.   **Το νόμισμα είναι:**
     κάτι που νομίζουμε _____
     είναι χρήμα από μέταλλο (metal) _____
     είναι κάτι που φορούμε στο δάχτυλο _____

4.   **Τα κοσμήματα είναι:**
     λεφτά _____
     όμορφα ρούχα _____
     δαχτυλίδια και βραχιόλια _____

C.   Write the future tenses of these verbs:

1.   I eat   **τρώω**
     I will be eating   _____
     I will eat   _____

2.   I run   **τρέχω**
     I will be running _____
     I will run   _____

3.   I play   **παίζω**
     I will be playing _____
     I will play   _____

70

I greet

I sing

2 Greek sweets

piggy bank

I live

Merry
Christmas

τραγουδώ (2)

χαιρετώ (2)

ο κουμπαράς

μελομακάρονα
κουραμπιέδες

Καλά
Χριστούγεννα

ζω(3)

ring

St. Basil's pie

earring

bracelet

Sunday

pie

η βασιλόπιτα	το δαχτυλίδι
το βραχιόλι	το σκουλαρίκι
η πίτα	η Κυριακή

Μάθημα δέκατο ένατο - Lesson 19

Το κουτί της Πανδώρας

A. Σημειώστε τη σωστή απάντηση:

1. **Οι θεοί έστειλαν στην Πανδώρα:**
    ένα μεγάλο δέμα _____
    ένα βραχιόλι _____
    ένα κουτί _____

2. **Η Πανδώρα ήταν:**
    έξυπνη γυναίκα _____
    καλή γυναίκα _____
    περίεργη γυναίκα _____

3. **Η Πανδώρα ήθελε:**
    να πετάξει το κουτί _____
    να ανοίξει το κουτί _____
    να το φυλάξει _____

4. **Το κουτί μέσα είχε:**
    ωραία κοσμήματα _____
    πολλά λεφτά _____
    όλα τα κακά του κόσμου, πολέμους, καταιγίδες ... _____

5. **Η Πανδώρα:**
    πέταξε το κουτί _____
    άνοιξε το κουτί _____
    έσπασε το κουτί _____

B. Write the plural:
    1. **το κλειδωμένο κουτί** _____

    2. **η φοβερή αρρώστεια** _____

    3. **η μεγάλη καταιγίδα** _____

    4. **ο τρομερός σεισμός** _____

C.   Translate the words in parenthesis:

1. **Ο πατέρας είναι καλός.**

   Αγαπώ (the good father) _____

2. **Το κορίτσι είναι πλούσιο.**

   Ξέρω (the rich girl) _____

3. **Η μητέρα μας είναι καλή.**

   Έχουμε (a good mother) _____

4. **Ο μαθητής παίζει ποδόσφαιρο. Βλέπω** (the pupil playing soccer)

   _____

D.   Use the adjective **περίεργος** in the correct form:

1. _____ **γυναίκα**   4. _____ **νέα**

2. _____ **πράγματα**   5. _____ **καιρός**

3. _____ **άνθρωπος**   6. _____ **καιροί**

E.

1. **Τι κρατάει η Πανδώρα;** _____

2. **Με τι άνοιξε η Πανδώρα το κουτί;** _____

3. **Πού βλέπετε μαύρο χρώμα στη εικόνα;** _____

Μάθημα εικοστό - Lesson 20

Τα Θεοφάνεια

A.   Απαντήστε στις ερωτήσεις:

1.   **Τα Θεοφάνεια γιορτάζουμε**

_____

2.   **Μετά τη Θεία Λειτουργία ο κόσμος πηγαίνει**

_____

3.   **Εκεί γίνεται η κατάδυση** _____

4.   **Ο Δεσπότης θα ρίξει έναν** _____ **στη θάλασσα.**

5.   **Νέοι θα βουτήξουν για να βρουν** _____

6.   **Αυτό είναι ένα** _____ **της εκκλησίας.**

7.   **Γίνεται στις** _____

8.   **Γίνεται στα μέρη που είναι κοντά σε** _____

B.   Match the word to the explanation:

1. τα Θεοφάνεια	η ξηρά κοντά στη θάλασσα
2. το ιερό	με αυτή ταξιδεύουμε στη θάλασσα
3. ο δεσπότης	μέρος της εκκλησίας
4. ο Ιανουάριος	χτυπώ τα χέρια
5. το λιμάνι	με αυτό μπαίνουμε στη θάλασσα
6. η βάρκα	μήνας
7. το μπανιερό	γιορτή της Εκκλησίας
8. η παραλία	σ´αυτό μέσα σταματούν τα πλοία
9. χειροκροτώ	αρχηγός της εκκλησίας

C. Use the Present tense (ενεστώτας) and the Past tense (αόριστος) of the verb **κάθομαι**:

1. **Τα παιδιά στο σχολείο** (sit) _____ **στα θρανία.**

2. **Χτες δεν είχαν θρανία και** (they sat) _____ **στο πάτωμα.**

3. **Όταν είμαστε στην τάξη** (we sit) _____ **ήσυχα.**

4. **Στο θέατρο χτες** (we sat) _____ **χωρίς να μιλάμε.**

5. **Πού** (do you sit) _____ **τώρα;**

6. **Πού** (did you sit) _____ **χτες;**

D. Do the same with the verb **έρχομαι** και **ήλθα**.

1. **Το πλοίο** (it comes) _____ **στις έξι.**

2. **Χτες το πλοίο** (it came) _____ **στις εφτά.**

3. **Τι ώρα** (do you come) _____ **;**

4. **Συνήθως** (I come) _____ **στις οχτώ.**

5. **Χτες** (I came) _____ **στις εννιά.**

E. Τρέψετε (change) τις προτάσεις στον πληθυντικό:

1. **Το νησί έχει την ωραία παραλία.**

    _____

2. **Στο λιμάνι αράζει** (docks) **το πλοίο.**

    _____

3. **Ο κόσμος χειροκροτεί και συγχαίρει τον νικητή. Οι άνθρωποι**

    _____

78

key

box

war

thing

hope

back
or
behind

το κουτί	το κλειδί
το πράγμα	ο πόλεμος
πίσω	η ελπίδα

youth woman

young man

February

January

place or seat

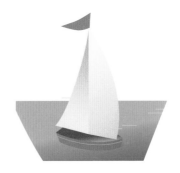

boat

ο νέος

η νέα

ο Ιανουάριος

ο Φεβρουάριος

η βάρκα

η θέση

Μάθημα εικοστό πρώτο - Lesson 21

Ο βάτραχος που ήθελε να γίνει βόδι

A.   Απαντήστε στις ερωτήσεις:

1.   **Τι κάνουν τα βατραχάκια;** _____

2.   **Πόσα βατραχάκια είναι;** _____

3.   **Ποια είναι η μαμά τους;** _____

4.   **Τι βλέπουν ενώ κολυμπούν;** _____

5.   **Είναι το βόδι πιο μεγάλο από τη βατραχίνα;** _____

6.   **Τι θέλει να κάνει η βατραχίνα;** _____

7.   **Πώς το κάνει;** _____

8.   **Τι παθαίνει στο τέλος η βατραχίνα;** _____

B.   Find the first person, Present tense. Ex.: φωνάζουν - φωνάζω

1. έχουμε _____   5. θα δείτε   _____

2. ρώτησε _____   6. φουσκώνει _____

3. πήρε   _____   7. είμαστε   _____

4. εξακολούθησε _____

C.   Match the words to the explanation:

1. άνοιξη   κάνει ζέστη,
                             πηγαίνουμε για κολύμπι

2. χειμώνας   πέφτουν τα φύλλα από τα δέντρα,
                             ο καιρός γίνεται πιο κρύος

3. καλοκαίρι   κάνει κρύο,
                             πέφτει χιόνι

4. φθινόπωρο   ανοίγουν τα λουλούδια,
                             πρασινίζει το χορτάρι

D.   Translate the verbs in parenthesis:

1. **Ο Τάκης λέει: Πρέπει να γράψω το μάθημά μου. Ο Αντώνης λέει:**
   (I have written mine) _____

2. **Η δασκάλα λέει: Ανοίξετε τα βιβλία σας, παιδιά. Η Σοφία λέει:**
   Εγώ (I have opened it) _____

3. **Η μαμά φωνάζει: Κλείστε την πόρτα. Η Ελένη λέει:**
   (I have closed it) _____ , **μαμά.**

E.   Translate the words in parenthesis:

   1. **Στο σχολείο διαβάζουμε** (myths) _____
   2. **Τα βατραχάκια κολυμπούν** (in the water of the lake) _____
      _____
   3. **Το βόδι** (is bigger than the dog) _____
      _____
   4. **Το βόδι είναι μεγάλο** (like a mountain) _____

F.   Τι βλέπετε στην εικόνα;

1. _____

2. _____

3. _____

4. _____

Μάθημα εικοστό δεύτερο - Lesson 22

Ο σκύλος με το κρέας

A. Απαντήστε στις ερωτήσεις μεταφράζοντας (translating) τις λέξεις:

1. **Ένας σκύλος** (was very hungry) _____

2. **Ήθελε να φάει** (something) _____

3. **Είδε ένα** (butcher's shop) _____

4. **- Εδώ μπορώ να βρώ** (a piece of meat) _____

   _____ , **λέει.**

5. **Αρπάζει ένα κομμάτι** (and runs far) _____

6. **Φτάνει σε ένα** (river) _____

7. **- Θα πάω στην άλλη μεριά. Εκεί θα φάω το κρέας με την**

   ησυχία μου. (But he sees another dog in the water.) _____

   _____

8. **Αυτός ο σκύλος έχει ένα** (bigger piece of meat) _____

   _____ **στο στόμα του.**

9. **- Θα πάρω το** (bigger piece) _____

   _____ , **λέει.**

B.   Change the sentences to Past tense:

1. **Έχω δέκα δολάρια.** _____

2. **Έχουμε πολλά μαθήματα.** _____

3. **Έχετε τα βιβλία μας;** _____

4. **Δεν έχουν χρήματα.** _____

5. **Ποιος έχει το μολύβι μου;** _____

6. **Δεν έχουμε καιρό.** _____

C. The Past Perfect tense shows an action that happened before some other action.

> The bus had already left when I came to the bus stop.
> Το λεωφορείο είχε ήδη φύγει, όταν ήρθα στη στάση.

Write the Past Perfect tenses:

1. (We had eaten) _____

   όταν η μητέρα έφερε την τούρτα (cake)**.**

2. (We had left) _____ **όταν**

   ήρθε το ταξί.

3. (We had run) _____ **προτού**

   αρχίσει να βρέχει.

D. Τι βλέπετε στην εικόνα;

1. _____

2. _____

3. _____

4. _____

beast

lake

when?

something

sometimes

never

η λίμνη

το θηρίο

κάτι

πότε;

ποτέ

κάποτε

river

dog

I am hungry

shadow

other or
another

I am thirsty

ο σκύλος

ο ποταμός
ή
το ποτάμι

η σκιά

πεινώ (2)

διψώ (2)

άλλος
άλλη
άλλο

Μάθημα εικοστό τρίτο - Lesson 23

Η κυρά Γραμματική

A. Σημειώστε τη σωστή απάντηση:

1. **Η κυρά Γραμματική έχει:**
   πολλά παιδιά _____
   έχει λίγα παιδιά _____
   έχει πολλά παιδιά, εγγόνια και δισέγγονα _____

2. **Η κυρά Γραμματική είναι:**
   πολύ μεγάλη _____
   είναι εκατό χρονών _____
   είναι τριών χιλιάδων χρονών και μεγαλύτερη _____

3. **Ένα από τα παιδιά της κυρά Γραμματικής είναι:**
   η Μουσική _____
   η Μυθολογία _____
   το Ουσιαστικό _____

4. **Ένα άλλο παιδί είναι:**
   το Ρήμα _____
   η Ορθογραφία _____
   τα Μαθηματικά _____

5. **Ποιο από όλα κάνει το Ρήμα:**
   τρέχει _____
   χτυπά _____
   τρώει _____
   κοιμάται _____
   διασκεδάζει _____

6. **Το Επίθετο έχει:**
   μόνο ένα παιδί _____
   τρίδυμα παιδιά _____
   δίδυμα (twins) **παιδιά** _____

91

B.   Το Ρήμα λέει:

1. **Εγώ λέω.** **Ύστερα το ρήμα λέει:** **Εσύ** **λές;**

2. **Εγώ μιλώ.** **Εσύ** _____ ;

3. **Εγώ χτυπώ.** **Εσύ** _____ ;

4. **Εγώ μαλώνω.** **Εσύ** _____ ;

5. **Εγώ τρώω.** **Εσύ** _____ ;

6. **Εγώ παίζω.** **Εσύ** _____ ;

7. **Εγώ κοιμούμαι.** **Εσύ** _____ ;

C.   Το Ρήμα ξαναμιλά (speaks again) και λέει:

Εγώ θα σου λέω τι κάνω τώρα κι εσύ θα μου πεις τι έκανες χτες:

1.   **Εγώ τώρα λέω. Εσύ χτες** _____

2.   **Εγώ τώρα μιλώ. Εσύ χτες** _____

3.   **Εγώ τώρα χτυπώ. Εσύ χτες** _____

4.   **Εγώ τώρα μαλώνω. Εσύ χτες** _____

5.   **Εγώ τώρα τρώω. Εσύ χτες** _____

6.   **Εγώ τώρα πίνω. Εσύ χτες** _____

7.   **Εγώ τώρα κοιμάμαι. Εσύ χτες** _____

D.   Το Επίθετο σκέφτεται τα παιδιά του:

1.   **- Αυτό το παιδί είναι ευτυχισμένο, λέει.**

   Κι ο πατέρας του είναι _____

   Και η μητέρα του είναι _____

2.   **Μα εκείνο το παιδί είναι δυστυχισμένο.**

   Κι ο πατέρας του είναι _____

   Και η μητέρα του είναι _____

   Και τα αδέλφια του είναι _____

Μάθημα εικοστό τέταρτο - Lesson 24

Τα παιδιά της κυρά Γραμματικής

A.   Δίπλα από κάθε λέξη γράψετε:

   τον αριθμό 1 αν η λέξη είναι ουσιαστικό
   τον αριθμό 2 αν είναι ρήμα
   τον αριθμό 3 αν είναι επίθετο

1. **δρόμος** ____   5. **ευτυχισμένος** ____   9. **διαβάζω** ____   13. **μεγάλος** ____

2. **βουνό** ____   6. **χρωματίζω** ____   10. **θέατρο** ____   14. **όμορφος** ____

3. **ζω** ____   7. **γλύκισμα** ____   11. **σχολείο** ____   15. **γλυκός** ____

4. **αγάπη** ____   8. **τραγουδώ** ____   12. **τραγούδι** ____

B.   Στο προηγούμενο μάθημα (previous lesson) μάθατε τους μήνες.
   Complete the sentences using names of the months:

1. **Γιορτάζουμε τα Χριστούγεννα τον μήνα** _____

2. **Μετά τον Μάιο έρχεται ο μήνας** _____

3. **Ένας από τους μήνες του χειμώνα είναι ο** _____

4. **Μόνο ένας μήνας έχει πιο λίγες από τριάντα μέρες, ο μήνας αυτός
   είναι ο** _____

5. **Γιορτάζουμε την Ημέρα του ΟΧΙ τον μήνα** _____

6. **Η Εθνική ημέρα της Ελλάδας γιορτάζεται τον μήνα** _____

7. **Η Εθνική ημέρα της Αμερικής γιορτάζεται τον μήνα** _____

8. **Ένας χρόνος έχει** _____ **μήνες.**

9. **Ο πρώτος μήνας είναι ο** _____

10. **Ο τελευταίος μήνας είναι ο** _____

93

C. Change the verbs into Past Simple tense (in the same person).

Ex.: **γράφει - έγραψε**

1. λέει _____   5. φωνάζω _____

2. παίζεις _____   6. έρχεται _____

3. τρώμε _____   7. πηγαίνουν _____

4. μιλώ _____   8. βλέπετε _____

D. Match each word on the left to its opposite word on the right:

1.	μεγάλος	πόλεμος
2.	καλωσύνη	χειμώνας
3.	ευτυχία	μικρός
4.	άνοιξη	κοντός
5.	φως	κακία
6.	ειρήνη	δυστυχία
7.	ψηλός	σιγά
8.	γρήγορα	σκοτάδι

E. Translate to Greek:

1. he plays _____

2. he was playing _____

3. he played _____

4. he will be playing _____

5. he will play _____

6. he has played _____

7. he had played _____

94

great
grandchild

grandchild

ugly

age

triplets

April

το εγγόνι

το δισέγγονο

η ηλικία

άσχημος
άσχημη
άσχημο

ο Απρίλιος

τα τρίδυμα

left

right

grammar

mistake

ocean

wave

δεξί
ή
δεξιό

αριστερό

το λάθος

η γραμματική

ο ωκεανός

το κύμα

Μάθημα εικοστό πέμπτο - Lesson 25

Το κρυφό σχολειό

A.   Σημειώστε τη σωστή απάντηση:

1. **Για να μαθαίνουν τα ελληνόπουλα τη γλώσσα τους πήγαιναν:**
   στα σχολεία της πόλης τους _____
   στο κρυφό σχολειό _____
   στα σχολεία της εκκλησίας _____

2. **Το κρυφό σχολειό γινόταν:**
   σε σχολεία σαν αυτά που έχουμε σήμερα _____
   μέσα στην Αθήνα _____
   σε εκκλησία και παρεκκλήσια _____

3. **Το κρυφό σχολειό γινόταν:**
   κάθε μέρα από τη Δευτέρα μέχρι το Σάββατο _____
   μόνο μια φορά την εβδομάδα _____
   τα βράδια, όταν ήταν σκοτάδι _____

4. **Το κρυφό σχολειό γινόταν το βράδυ:**
   έτσι τα παιδιά μάθαιναν καλύτερα
   γιατί την μέρα τα παιδιά είχαν άλλες δουλειές _____
   για να μη βλέπουν οι Τούρκοι τα παιδιά
   που πήγαιναν στο σχολειό _____

5. **Τα παιδιά που πήγαιναν στο κρυφό σχολειό τα βράδια**
   για να βλέπουν παρακαλούσαν:
   τον ήλιο να φέγγει για να βλέπουν _____
   να τους δίνουν οι γονιοί τους αναμμένες λαμπάδες _____
   να τους φέγγει το φεγγαράκι _____

6. **Στο κρυφό σχολειό τα ελληνόπουλα μάθαιναν:**
   τη θρησκεία τους _____
   τη γλώσσα τους _____
   τη θρησκεία τους, τη γλώσσα τους και
   την ιστορία της πατρίδας τους _____

B. Memorize the little beautiful poem *«Φεγγαράκι μου λαμπρό»*.

C. Translate the words in parenthesis:

1. **μαθαίνω** (the history of my country)

    _____

2. **μιλώ** (the Greek language) _____

3. **γράφω** (about my religion) _____

4. (I go to school during the day. I do not go at night.) _____

    _____

    _____

D. Write the Comparative degree. Ex.: **καλό - πιο καλό**

1. small boy   smaller boy

    _____   _____

2. much water   more water

    _____   _____

3. big man   bigger man

    _____   _____

4. good woman   better woman

    _____   _____

5. beautiful flower   more beautiful flower

    _____   _____

E. Κοιτάξετε την εικόνα στο βιβλίο σας, μάθημα 25.
    Γράψετε 6 πράγματα που βλέπετε στην εικόνα:

1. _____   4. _____

2. _____   5. _____

3. _____   6. _____

100

Μάθημα εικοστό έκτο - Lesson 26

Η 25η Μαρτίου

A.   Σημειώστε τη σωστή απάντηση:

1.   **Η Ελλάδα ήταν σκλαβωμένη** (enslaved) **στους Τούρκους:**
     για χίλια χρόνια   _____
     για τετρακόσια χρόνια   _____
     για εκατό χρόνια   _____

2.   **Η Ελληνική Επανάσταση για να ελευθερωθεί
     η Ελλάδα από τους Τούρκους έγινε:**
     το 1453   _____
     το 1821   _____
     το 1789   _____

3.   **Οι Έλληνες τα τετρακόσια χρόνια που ήταν υπόδουλοι**
     (enslaved) **στους Τούρκους δεν μπορούσαν να έχουν:**
     εκκλησίες   _____
     ελληνικά σχολεία   _____
     σπίτια για να μένουν   _____

4.   **Στις 25 Μαρτίου γιορτάζουμε και μια άλλη γιορτή:**
     τα Χριστούγεννα   _____
     το Πάσχα   _____
     τον Ευαγγελισμό της Θεοτόκου   _____

5.   **Στον Ευαγγελισμό της Θεοτόκου γιορτάζουμε τη μέρα:**
     Που ο άγγελος είπε ότι ο Χριστός αναστήθηκε.   _____
     Που ο άγγελος είπε στην Άννα ότι θα έχει ένα παιδί.   _____
     Που ο άγγελος είπε στην Μαρία ότι θα γεννήσει
     τον γιο του Θεού.   _____

6.   **Η Εθνική ημέρα στην Ελλάδας είναι:**
     η 28η Οχτωβρίου, την Ημέρα του ΟΧΙ   _____
     η Τετάρτη Ιουλίου (Fourth of July)   _____
     η Εικοστή Πέμπτη Μαρτίου   _____

B. Write the first person, Present tense. Ex.: **στέλνουν - στέλνω**

1. έρχεται _____   5. **να φτιάξουμε** _____

2. λέει _____   6. ξέρετε _____

3. **πήρε** _____   7. **πηγαίνουν** _____

4. **μιλούν** _____   8. **μαθαίνουν** _____

C. Now write the above verbs in the Past Simple tense:
    (something that happened in the past)

1. _____   5. _____

2. _____   6. _____

3. _____   7. _____

4. _____   8. _____

D. Change to the plural number:

1. **η ελληνική σημαία** _____

2. **η ωραία γλώσσα** _____

3. **ο Έλληνας πολεμιστής** _____

4. **ο καλός πατέρας** _____

5. **ο μικρός αδελφός** _____

6. **ο τίμιος ψαράς** _____

7. **το ψηλό βουνό** _____

E. Learn to sing the Greek National Anthem.
    Its music and words are of the most beautiful in the world.

fatherland

tongue or
language

I forget

Greek boy

I speak or I talk

Greek girl

η γλώσσα

η πατρίδα

το ελληνόπουλο

ξεχνώ (2)

η ελληνοπούλα

μιλώ (2)

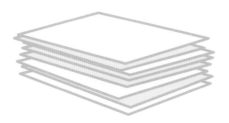

paper

March

tomorrow

I color

national holiday
or
Independence Day

the day after
tomorrow

ο Μάρτιος	το χαρτί
χρωματίζω (1)	αύριο
μεθαύριο	η εθνικη γιορτή

Μάθημα εικοστό έβδομο - Lesson 27

Η ελληνική σημαία

A. Απαντήστε στις ερωτήσεις:

1. **Τι χρώμα έχουν οι λωρίδες της ελληνικής σημαίας;**

   _____

2. **Πόσες είναι οι γαλάζιες και πόσες οι μπλε λωρίδες;**

   _____

3. **Τι έχει η σημαία στη μια γωνιά;** _____

4. **Τι σημαίνει ο σταυρός της σημαίας;** _____

   _____

5. **Τι συμβολίζει η ελληνική σημαία;** _____

   _____

6. **Τι αντιπροσωπεύουν οι εννιά λωρίδες;** _____

   _____

7. **Τι συμβολίζει το γαλάζιο χρώμα;** _____

   _____

8. **Τι συμβολίζει το άσπρο χρώμα;** _____

   _____

B. Use the adjective **όμορφος** in its correct form with these words:

1. _____ **σημαία**   3. _____ **χρώμα**

2. _____ **εύζωνοι**   4. _____ **χρώματα**

Now change the above adjectives to comparative degree.

Ex.: **ωραίος - πιο ωραίος** ή **ωραιότερος**

5. _____   7. _____

6. _____   8. _____

C.   Βάλτε ένα άρθρο **ο, η, το, οι, τα** μπροστά από κάθε λέξη:

1. ____ **τιμή**   5. ____ **ελευθερία**   9. ____ **μεγαλείο**

2. ____ **κτίριο**   6. ____ **αφρός**   10. ____ **αγάπη**

3. ____ **πλοίο**   7. ____ **βάρκα**   11. ____ **συλλαβή**

4. ____ **κύμα**   8. ____ **λωρίδα**   12. ____ **συλλαβές**

D.   Change the sentences to Past tense:

1. **Η σημαία κυματίζει.** _____

2. **Έχει άσπρο χρώμα.** _____

3. **Θυμάμαι τον πόλεμο.** _____

4. **Κάνει κάτι.** _____

E.   Change the sentences to plural number:

1. **Το δάσος είναι πυκνό.** _____

2. **Το σχολείο έχει μεγάλο γήπεδο** (stadium). _____

_____

3. **Το πρόβλημα είναι μικρό.** _____

4. **Το μάθημα είναι δύσκολο.** _____

F.   Τι βλέπετε στην εικόνα;

1. _____

2. _____

3. _____

4. _____

Μάθημα εικοστό όγδοο - Lesson 28

Τα κόκκινα αβγά

A. Fill in the blanks with words from the lesson:

1. Ένας φίλος του Χριστού, ο _____ , ζήτησε το σώμα του Χριστού από τον Πιλάτο και το πήρε να το θάψει.

2. Το τύλιξε μέσα σ' ένα _____ και το έθαψε μέσα σ' ένα _____ .

3. Η _____ , πού ήταν φίλη και _____ του Χριστού, πήρε μέσα σ' ένα _____ για να τα πουλήσει και με αυτά να αγοράσει _____ για να αλείψει το σώμα του _____ .

4. Στον τάφο βρήκε έναν _____ . Ο άγγελος τη ρώτησε: _____ ; _____ _____ ; Δεν είναι εδώ, αναστήθηκε, είπε ο άγγελος.

5. Η Μαρία έτρεξε να πει τα καλά _____ στους μαθητές του Χριστού.

6. Στον δρόμο βρήκε δυο άλλες _____ της. Τους είπε τα _____ νέα αλλά εκείνες δεν πίστεψαν.

7. - Αν είναι αλήθεια ότι αναστήθηκε ο Χριστός, αυτά τα αβγά θα γίνουν _____ . Κι αμέσως τα αβγά _____ .

B. Change to Past Simple tense:

   1. **Βάφουμε αβγά.** _____

   2. **Λέω τα νέα.** _____

   3. **Τρέχει στο δρόμο.** _____

   4. **Συναντώ ένα φίλο.** _____

   5. **Θέλω να αγοράσω κάτι.** _____

C.   Change the word in parenthesis to plural number:

1.   **Ακούω τον άνθρωπο.**

Ακούω (the men) _____

2.   **Αγαπούμε τον δάσκαλο.**

Αγαπούμε (the teachers) _____

3.   **Λυπούμαι τον στρατιώτη.**

Λυπούμαι (the soldiers) _____

4.   **Τρώω τον κεφτέ.**

Τρώμε (the meatballs) _____

5.   **Μου αρέσει το έθιμο.**

Μου αρέσουν (the customs) _____

D.   Τι βλέπετε στην εικόνα;

1. _____

2. _____

3. _____

4. _____

110

corner

800

eight hundred

building

snow covered

honor

glory

οχτακόσια	η γωνιά
χιονοσκέπαστα	το κτίριο
η δόξα	η τιμή

friend

afternoon

market

basket

joy

I believe

το απόγευμα

ο φίλος
ή
η φίλη

το καλάθι

η αγορά

πιστεύω (1)

η χαρά

Ο θησαυρός του πατέρα

A. Σημειώστε τη σωστή απάντηση:

1. **Ο πατέρας πέθανε.** _____
   Ο πατέρας πεθαίνει. _____
   Ο πατέρας έχει πεθάνει. _____

2. **Τα παιδιά του πατέρα:**
   δουλεύουν πολύ _____
   είναι παιδιά που θέλουν να δουλεύουν _____
   είναι τεμπέληδες _____

3. **Στο αμπέλι ο πατέρας έχει κρύψει:**
   έναν θησαυρό _____
   κοσμήματα, βραχιόλια και δαχτυλίδια _____
   τίποτα _____

4. **Τα παιδιά σκάβουν το αμπέλι:**
   για να γυμναστούν _____
   για να κάνουν το αμπέλι να κάνει πολλά σταφύλια _____
   για να βρουν τον θησαυρό _____

B. Translate the words in parenthesis to Greek:

1. **Το αμπέλι έκανε** (many grapes.) _____

2. **Έπαιρναν** (the grapes to the market.) _____
   _____

3. (The baskets were full of grapes.) _____
   _____

4. **Έπαιρναν** (much money from the grapes.) _____
   _____

C. Translate the words in parenthesis to Greek:

1. **Η μέρα είναι όμορφη.**

    Το φως (of the day) _____ **είναι λαμπρό.**

    Μας αρέσει (the beautiful day) _____

2. **Το βουνό είναι ψηλό.**

    Τα δέντρα (of the mountain) _____

    είναι ψηλά.

    Η Ελλάδα έχει (many beautiful mountains) _____

    _____

3. **Η αγορά είναι στην πόλη.**

    Τα μαγαζιά (of the market) _____ **είναι πολλά.**

    Ψωνίζουμε στα (shops of the market) _____

    _____

D. Write the Greek word:

1. treasure _____

2. basket _____

3. pocket _____

4. money _____

5. I cut _____

6. market _____

7. I fill _____

Μάθημα τριακοστό - Lesson 30

Τι σκέφτεται στο τέλος ο Βασίλης

A. Answer the following questions from the readings in this book:

1. **Ο λόφος στη μέση της Αθήνας πάνω στον οποίο είναι χτισμένοι αρχαίοι ναοί λέγεται** _____

2. **Ο πιο μεγάλος και μεγαλόπρεπος** (magnificent) **ναός είναι ο**

    _____

3. **Πρωτεύουσα της Ελλάδας είναι η** _____

4. **Η πρωτεύουσα της Ελλάδας πήρε το όνομά της από μια θεά. Αυτή η θεά ήταν** _____

5. **Ο πατέρας των θεών και ανθρώπων ήταν ο** _____ , **που λεγόταν και** _____

6. **Ο θεός αυτός είχε τα παλάτια του πάνω στο βουνό**

    _____ .

7. **Αυτός ο βασιλιάς ήθελε ό,τι πιάνει να γίνεται** _____ . **Ήταν ο βασιλιάς** _____

8. **Η Παναγία Μαρία είναι η** _____ **του Χριστού. Γιορτάζουμε τα γενέθλιά της στις** _____

9. **Ο χωρικός ήθελε να πάρει όλα τα χρυσά αβγά από την κοιλιά της κότας. Στο τέλος όμως** _____

    _____

10. **Η χελώνα νίκησε** _____ **στο τρέξιμο, γιατί ο** _____ **έπεσε να κοιμηθεί.**

11. **Την Ημέρα του ΟΧΙ γιορτάζουμε τη νίκη των Ελλήνων ενάντια στους** _____

12. **Ο Δούρειος Ίππος ήταν ένα** _____ **που χάρισαν οι** _____ **στους** _____

13. Ήταν ο πιο ανδρείος από όλους τους Έλληνες που πολέμησαν στην Τροία. Ήταν ο _____

14. Η πονηρή αλεπού πήρε από τον _____ το τυρί, όταν ο κόρακας άνοιξε το στόμα του να τραγουδήσει.

15. Το τσοπανόπουλο φώναζε ψέματα ότι _____ τρώνε τα πρόβατά του.

16. Στη Βηθλεέμ γεννήθηκε ο _____ μέσα σε μια

_____

17. Τα Χριστούγεννα τραγουδούμε _____

18. Μέσα στη βασιλόπιτα βάζουμε ένα _____. Όποιος το βρεί, αυτός είναι ο _____ της χρονιάς.

19. Από το κουτί της _____ πέταξαν και βγήκαν τα κακά του κόσμου. Μόνο ένα καλό έμεινε, η _____

20. Τα Θεοφάνεια, οι νέοι βουτούν για να βρουν _____

_____

21. Ο σκύλος έχασε μέσα στο νερό του ποταμού το _____ που είχε στο στόμα του, γιατί ήθελε να πάρει _____

_____

22. Τρία από τα παιδιά της κυράς Γραμματικής είναι: _____

_____

22. Στο κρυφό σχολειό πήγαιναν τα ελληνόπουλα τη _____ _____ γιατί φοβόντουσαν τους _____

23. Η Εικοστή Πέμπτη Μαρτίου είναι η _____

_____

24. Τα αβγά έγιναν κόκκινα, όταν η Μαρία είπε ότι ο Χριστός αληθινά _____

118

grapes

vineyard

lazy

I fill

I answer

I ask

το αμπέλι

τα σταφύλια

γεμίζω (1)

ο τεμπέλης

ρωτώ (2)

απαντώ (2)

I get angry

I come

I do

I learn

I throw

I lose

έρχομαι (4)

θυμώνω (1)

μαθαίνω (1)

κάνω　(1)

χάνω (1)

ρίχνω (1)